LE BERGER AUSTRALIEN

Ouvrage collectif créé par Losange,
avec la participation de : Emmanuelle et Fabrice Dal'Secco

Direction éditoriale : Hervé Chaumeton
Suivi éditorial : Sophie Jutier
Relecture : Léo Mirabel
PAO : Nathalie Lachaud, Francis Rossignol
Photogravure : Stéphanie Tridoux

ISBN : 978-2-8160-0249-2
N° d'éditeur : 8160
Dépôt légal : avril 2012

Achevé d'imprimer : mars 2012
Imprimé en Chine par Toppan Leefung

LE BERGER AUSTRALIEN

Emmanuelle Dal'Secco

Artémis Éditions

SOMMAIRE

INTRODUCTION

MADE IN USA

Quel est ce Canidé insolite qui investit nos villes depuis quelques années, vêtu d'une parure épaisse, dessinée en patchwork spectaculaire ? Le séduisant a le plus souvent les yeux clairs... De quoi alerter, ravir et charmer les amateurs de beaux modèles. Les Français ne s'y sont pas trompés et, en quelques années, ont fait de ce berger l'un de leurs chiens fétiches. En 2010, il se hisse à la douzième place de notre cheptel, alors qu'il était totalement inconnu en France il y a encore vingt ans. À la faveur de cet effet de mode, on en oublierait presque les racines de cet authentique berger, qui a parcouru la planète pendant plus d'un siècle avant de se faire un nom. Un nom d'ailleurs mensonger, puisqu'il ne garde de l'Australie qu'un lointain souvenir. Non, le berger australien, ou aussie, est bien un Américain, partenaire du cow-boy qui a puisé son insatiable vitalité et sa belle autorité dans le sillage des troupeaux. Aujourd'hui, son look sympathique semble lui prédire un tout autre destin, au grand dam des passionnés de chiens de travail, qui redoutent de voir ses qualités intrinsèques disparaître. En guise de compromis, il est recommandé à des maîtres particulièrement dynamiques, qui seront capables de contenter sa légendaire vigueur. Car avec lui, aussie tôt dit, aussie tôt fait !

IDENTITÉ

Berger australien

Autre appellation : australian shepherd dog, surnom « aussie ».

Origine : États-Unis.

Les 350 races reconnues dans le monde sont classées, selon leur type morphologique et leurs fonctions, dans une nomenclature établie par la Fédération cynologique internationale, qui comprend dix groupes. Le berger australien fait partie du groupe 1, celui des « chiens de berger et de bouvier », section « chien de berger, sans épreuves de travail ».

Le standard de la race est tenu aux États-Unis par l'ASCA (Australian shepherd club of America). En France, il est géré par le Club français des bergers australiens, ou CFBA, créé en 1989.

En 2010, le berger australien s'octroie la 12e place en nombre de naissances, toutes races confondues, avec 4 913 naissances enregistrées, ce qui le place au troisième rang de son groupe, celui des chiens de berger (après le berger allemand et le berger belge malinois). À titre de comparaison, il reste loin derrière le leader indétrônable toutes races confondues, le berger allemand (11 265 naissances la même année). Son succès ne cesse pourtant de grandir au fil des ans : 3 809 inscriptions au LOF en 2009, contre seulement 1 674 en 2005.

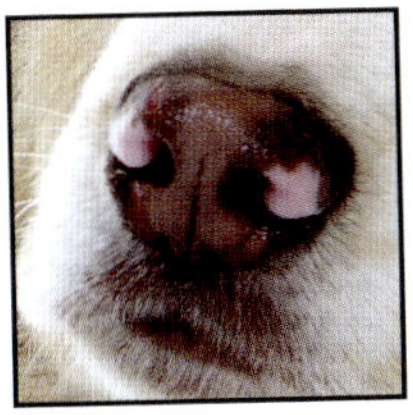

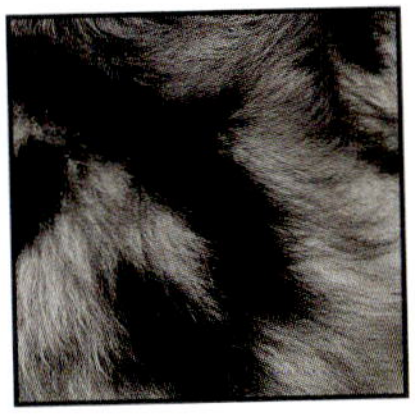

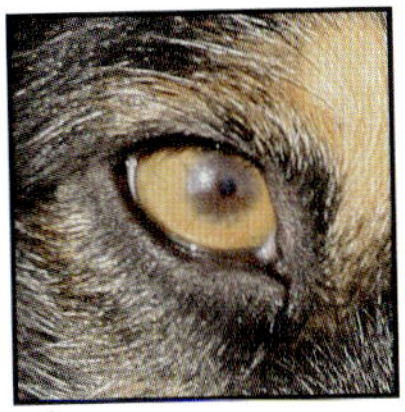

STANDARD DE LA RACE

Voici le standard officiel du berger australien, publié par la Société centrale canine (SCC).

• **Tête :** nettement dessinée, forte et sèche. Le sommet du crâne est plat ou légèrement bombé, il est aussi large que long.

• **Taille et poids :**
Mâle : de 51 à 58 cm, pour un poids de 30 à 40 kg.
Femelle : de 46 à 53 cm, pour un poids de 22 à 32 kg.

• **Corps :** le berger australien est bien proportionné, légèrement plus long que haut.

• **Poitrine :** pas large, mais haute, son point le plus bas atteignant le coude.

• **Bras :** il doit avoir à peu près la même longueur que l'omoplate et forme avec elle un angle approximativement droit.

• **Oreilles :** triangulaires, avec un pavillon de dimension modérée, attachées haut sur la tête. Quand le chien est très attentif, elles se replient vers l'avant ou sur le côté, comme une oreille en rose.

• **Yeux :** couleur marron, bleue, ambre ou toute variation ou combinaison de ces couleurs, y compris mouchetures et marbrures. En forme d'amande, les yeux ne sont ni saillants ni enfoncés dans les orbites. Les chiens à la robe bleu merle (robe bigarrée) ou noire ont le bord des paupières pigmenté de noir. Les rouge merle et les rouges ont le bord des paupières pigmenté de marron.

• **Truffe :** chez les bleu merle et les noirs, elle est noire (comme les lèvres), avec parfois des petites taches roses. Les rouge merle et les rouges ont la truffe marron.

• **Épaules :** omoplates longues, plates, assez rapprochées au garrot et bien inclinées.

• **Croupe :** modérément inclinée.

• **Queue :** droite, longue ou courte de naissance. Quand elle est écourtée (dans les pays où cette pratique n'est pas interdite) ou qu'elle est naturellement courte, elle ne doit pas mesurer plus de 10 cm.

• **Pieds :** ovales, compacts, avec des doigts serrés et bien cambrés. Les coussinets sont épais et élastiques.

COULEURS ET MODÈLES

La plus grande singularité du berger australien, c'est évidemment sa robe fantaisiste, à l'instar du cheval appaloosa, monture fétiche des Indiens. Ornée d'une jolie crinière, elle donne à cette race tout son panache.

Composée d'une multitude de taches et de teintes, la robe du berger australien se décline en trois variétés : les unies, les bicolores et les tricolores. Les deux couleurs de base, le noir et le rouge, ont donné naissance à un nuancier flamboyant qui compte plus de seize teintes. Les quatre plus courantes sont le noir tricolore (robe noire avec panachures blanches et feu), le bleu merle (gène de « merling » qui dissout une partie de la couleur noire et donne une impression de tacheté argenté), le rouge tricolore (robe rouge, plus ou moins soutenu, avec panachures blanches et feu), et enfin le rouge merle (impression de tacheté rosé, en réalité blanc et feu). Dans chaque couleur, la diversité des teintes permet de composer des robes à l'infini. Le rouge, par exemple, qui est en réalité un marron fauve, se décline en maintes nuances, pain brûlé, brun châtaigne, chocolat au lait ou noir, foie, ou encore aubergine avec des reflets presque noir violacé.

* Des chiens « fantômes »

Un tel foisonnement laisse évidemment une immense latitude, mais attention toutefois aux couleurs fauve, jaune ou gold, qui ne sont pas recherchées. Pour achever de compliquer le tout, les rouges ont la particularité de changer de tonalité selon les saisons, la mue et la repousse du poil, ou encore les phases du cycle sexuel de la femelle. Quant au bleu merle, il est le plus convoité. Le fond de la robe, bleu plus ou moins clair, est en réalité composé d'un mélange de poils blancs et noirs. Il est éclaboussé de petites mouchetures ou de vastes plages noires recouvrant presque tout le corps (il est alors appelé « merle fantôme »). Cette élégance est rehaussée par la singularité du regard de l'aussie. La couleur de ses yeux varie du brun au bleu, en passant par l'ambre, le vert ou le particolore (plusieurs couleurs dans le même œil). Les plus prisés ont les yeux vairons, c'est-à-dire que chaque œil a une couleur différente. Quelle que soit la couleur de la robe, toutes les fantaisies oculaires sont admises.

* Le blanc envahissant

Particulièrement recherchés par les néophytes en quête de singularité, les spécimens à taches blanches dissimulent néanmoins des méfaits inattendus. Un sujet défini par ce que l'on appelle le « blanc envahissant » peut avoir un ou deux yeux dans le blanc, une ou deux oreilles dans le blanc, le blanc qui domine sur la tête (même si les yeux et les oreilles sont dans la couleur) et du blanc sur le corps, entre le garrot et la queue (le blanc sur les pattes ou le collier complet n'est pas considéré comme du blanc envahissant).

Cette particularité, engendrée par une dépigmentation, est à l'origine de nombreuses tares (cécité, surdité, problèmes cardiaques) qui peuvent survenir plusieurs mois, voire plusieurs années après la naissance. Quand la plupart des éleveurs, consciencieux, prennent le parti d'euthanasier ces nouveau-nés, d'autres spéculent sur la demande pour s'en séparer à très bon prix ! À chaque acquéreur de voir les risques qu'il est prêt à courir… Ces sujets seront systématiquement refusés à la confirmation et ne pourront donc pas obtenir leur pedigree. Ils ne devront en aucun cas se reproduire. Il est à noter que l'accouplement de deux parents merle (qu'ils soient rouge ou bleu), parce que ce gène est dominant, accroît le risque de faire naître des chiots porteurs de ce type de problèmes.

Quels sont les points forts et les points faibles du berger australien, de quoi faut-il se méfier, quels sont ses plus grands atouts ?

- ✔ Très intelligent
- ✔ Bon gardien, responsable
- ✔ Fidèle, amical, affectueux
- ✔ Stable, déterminé
- ✔ Athlétique et sportif

- ✔ Parfois timide et méfiant
- ✔ Hyper énergique, activité indispensable
- ✔ Ne supporte pas la solitude
- ✔ Fragilité des sujets avec blanc envahissant
- ✔ Problèmes oculaires

SES COUSINS

Pas si simple de trouver à cet australien des liens de parenté légitimes. Il appartient avant tout à la grande famille des bergers, mais c'est certainement avec le border collie qu'il a le plus grand nombre de points communs.

✱ Mon oncle d'Australie ?

Le berger allemand est bien évidemment un berger, mais pas pour autant le plus proche cousin de l'aussie. Pas plus que l'australian kelpie et le bouvier australien puisque, contrairement à l'aussie, qui a été sélectionné aux États-Unis, ces deux races sont d'authentiques produits de l'Australie. La longue épopée du berger australien le rapproche en réalité du berger des Pyrénées, variété méconnue que l'on croise dans les montagnes éponymes. Partageant les mêmes origines forgées dans les estives du Pays basque, tous deux ont un petit air de famille, malgré un gabarit plus léger et des couleurs distinctes pour l'authentique pyrénéen.

✱ Border collie et colley

Le berger australien, parce qu'il a connu le même exil en Amérique, a surtout de grandes similitudes, à la fois physiques et de comportement, avec le border collie, originaire d'Écosse. Plus sensible, ce dernier réclame néanmoins plus d'activités. Sans ses brebis, il n'existe pas ! Ce border énergique ne peut en aucun cas être

destiné exclusivement à la compagnie. Quant au colley, un autre berger écossais, il a lui aussi probablement alimenté la race. Généreux en poils et avec un pelage parfois merle, il présente une certaine ressemblance avec l'aussie. Plus malléable, avec un caractère tout aussi accommodant, il se révèle un adorable chien de famille.

HISTOIRES DE BERGERS AUSTRALIENS

BERGER DU NOUVEAU MONDE

D'australien, ce berger n'en a que le nom. C'est dans les ranchs de l'Ouest américain qu'il est né. Un vrai tempérament de cow-boy...

Si l'on vous demande dans quelle contrée le berger australien est né, il y a de grandes chances pour que vous tombiez dans le panneau. En dépit des apparences, il est originaire des États-Unis. Alors pourquoi un tel nom ? L'histoire commence probablement au Pays basque. Nous sommes au début du XIXe siècle et les moutons mérinos exportés vers l'Australie descendent en méandres interminables vers les ports de la côte espagnole. Les pasteurs locaux sont escortés par leurs chiens bergers des Pyrénées et catalans à face rase, la plupart portant des nuances bleues. Ce sont certainement les ancêtres directs de ce berger, dit « d'Australie ». Car l'histoire ne s'arrête pas là...

Enfant des nouveaux mondes

Au XIXe siècle, certains Basques migrent vers l'Australie avec l'espoir d'y faire fortune, puis, quelques décennies plus tard, vers l'Amérique lors de la Ruée vers l'or. Tout au long de leurs odyssées, ils conservent à leurs côtés ce précieux auxiliaire né dans les vallées reculées de la vieille Europe, le croisant çà et là avec des races indigènes. Celui que l'on surnomme le *little blue*

dog (petit chien bleu) fait forte impression dans les fermes du Nouveau Monde. Conscients de son potentiel, les ranchers du nord et de l'ouest des États-Unis entreprennent de le façonner selon leurs besoins, orchestrant des métissages avec des races bergères locales ou importées, berger anglais (bobtail), berger écossais (colley) ou border collie. Le fruit de ce précieux panachage est apprécié pour sa polyvalence, sa vive intelligence et son instinct de conduite des troupeaux. Mais c'est aussi son allure qui force l'admiration. Chaque sujet est unique !

* Le phénomène aussie

Depuis la Seconde Guerre mondiale, sa popularité n'a jamais cessé de croître, notamment grâce au succès de l'équitation western. Il escorte le cow-boy sur les rodéos et les concours équestres. Vers 1950, Jay Sisler assure la notoriété de cette nouvelle race à travers tous les États-Unis. Lors de démonstrations de rodéo, il dresse un chapiteau où se produisent ses chiens savants (lire page 22).

Le premier club de race, l'ASCA (Australian Shepherd Club of America), est fondé en 1957 à Tucson, en Arizona. C'est ce même club qui, en 1977, rédige son standard, toujours en vigueur. La race n'est officiellement reconnue par la FCI qu'en 1996. Il faut attendre le milieu des années 1970 pour que le berger australien fasse son apparition en France, timidement. Ce n'est que vingt ans plus tard que le phénomène aussie y révèle son plein potentiel. S'il est aujourd'hui encore largement employé dans les vastes étendues de sa « terre d'adoption » pour mener les troupeaux de moutons, c'est avec le statut d'animal de compagnie qu'il revient dans les foyers de sa « terre natale ».

insolites

Tout sourire

Le berger australien possède une particularité étonnante : il sourit ! Lorsqu'il est content ou lorsqu'il veut quelque chose. Une façon habile de démarrer les négociations, avant de poser une patte sur les genoux de son maître ou de lui offrir un câlin appuyé. Les chiots commencent à sourire vers 6 ou 7 mois. Dans ce cas de figure, montrer ses dents ne constitue nullement une intimidation.

Une truffe en or

Talent inattendu que celui du berger australien, qui n'hésite pas à mettre son flair à contribution pour dénicher les précieuses truffes. On appelle cette activité le cavage. Il existe même une commission « cavage » au sein du club de race. Grâce à son talent, il est également employé pour la recherche de personnes dans les décombres et participe à des épreuves de pistage.

Berger timbré !

Un berger australien a été choisi par le comité philatélique et le prince de Monaco pour illustrer les timbres édités à l'occasion de l'exposition canine monégasque, en avril 2010. C'est Crystal Blue Velvet, du domaine de Baronnière, qui offre sa frimousse sur papier cranté !

Un chien sacré

Les Amérindiens surnommaient le berger australien *the ghost eyes ones* (chien aux yeux de fantôme), en référence à son regard souvent bleu. La légende prétend qu'il était considéré comme un chien sacré, et les Indiens n'attaquaient donc jamais les voyageurs qui l'avaient pour compagnon.

L'aussie, ce héros

Un tempérament d'artiste ! L'aussie l'a prouvé très tôt, en passant du ranch à la scène. C'est Jay Sisler, un célèbre dresseur de chiens de l'Idaho qui, après avoir acquis sa première femelle, en 1939, entreprend de métamorphoser le pâtre en circassien.

Lors de ces spectaculaires rodéos qui font la réputation du Far West américain, Jay Sisler et son frère dressent un petit chapiteau sous lequel se produit une troupe de chiens savants réputés pour leur incroyable souplesse et leur esprit vif. Des bergers australiens, évidemment ! Ces prodiges sautent à la corde, se balancent sur un tabouret, passent sous un cheval au galop ou grimpent sur son dos. Les tournées de la troupe Sisler rencontrent un immense succès, qui contribue à faire connaître la race dans tous les États-Unis, jusqu'au Canada. Sa notoriété est si grande qu'elle finit par séduire les studios Disney, qui inscrivent ces petites stars à l'affiche de plusieurs films. On y voit notamment Stub, dans *Stub, le meilleur bouvier de l'Ouest*, Shorty, dans *Cowdog*, ou encore Silver dans *Cours, appaloosa, cours*. De nombreux acteurs américains, campant des cow-boys à l'écran, cèdent à la passion pour ce chien bleu. Accro à l'aussie à la scène comme à la ville ! Ils s'appellent Roy Rogers, Tom Mix, Gene Autry, Clint Walker ou encore Yul Brynner. Pour renouveler leur troupe, les frères Sisler pratiquent un peu d'élevage, un cheptel réputé pour son intelligence, ses aptitudes à l'apprentissage et son allant au travail. C'est notamment Shorty, un magnifique bleu merle, clou du spectacle pendant plusieurs années, qui offre à la race une importante descendance, que l'on retrouve encore aujourd'hui dans les plus prestigieuses lignées. Le clan Sisler poursuivit ses exhibitions jusqu'en 1972...

Où déjeuner ?

SUPER STAR

Le berger australien s'invite parfois au cinéma. En 2009, il met le feu à l'émission américaine « Incroyable talent ». Un comédien doublé d'un acrobate, aucune prouesse ne lui résiste !

En août 2009, Rockin'Rory crée la surprise outre-Atlantique. Ce berger australien de 7 ans participe en effet à l'émission de télé-réalité « America's got talent », la version américaine de notre « Incroyable talent ». Rockin'Rory y accomplit des merveilles avec un simple frisbee, un sport canin très tendance. Il se lance avec une insolente aisance dans les plus impensables sauts, cabrioles et pirouettes, saisissant le frisbee à tous les coups ! Ce jongleur hors pair et son maître ont déchaîné les passions jusqu'en demi-finale de l'émission, devant le jury notamment composé de David Hasselhoff, héros de la série mythique *K 2000*.

Télé et ciné

Le berger australien apparaît également quelquefois à l'écran. Trop rarement de l'avis de ses groupies ! *La Double Vie d'Eddie McDowd*, une série américaine diffusée entre 1999 et 2002, raconte les péripéties d'un jeune garçon qui a fait tant de bêtises qu'il est transformé en chien (un berger australien). Il doit accomplir cent bonnes actions pour redevenir humain ! L'aussie-star s'invite également dans le casting du film *Marmaduke*, qui relate les tribulations d'un imposant danois. Huck est un berger australien de couleur bleu merle qui apparaît pour la première fois à l'écran dans le rôle de

Maizy, la meilleure amie de Marmaduke. Trois autres doublures ont été sollicitées pour doubler Maizy. Sa dresseuse lui a appris à ouvrir une porte de garage, à transporter son « cochon-vache » (un animal en peluche), à marcher et à parler ! « Lorsqu'elle est concentrée, Huck est vraiment excellente. C'est toujours un bébé qui voit le monde comme un immense terrain de jeu. Elle a un côté très entêté et doit pressentir la récompense pour accepter de donner le meilleur d'elle-même. » Un brin diva, comme toute vraie star de cinéma...

PORTRAIT D'UN CHAMPION

* Le chef du troupeau

Compagnon dévoué, vif et intelligent, le berger australien possède l'énergie suffisante pour travailler une journée entière. Fort de cette expertise, le club de race français a d'ailleurs mis en place une commission « troupeau ». Cette activité, tout un art, donne lieu à des tests très réglementés. Il existe notamment le CANT (Certificat d'aptitudes naturelles aux troupeaux), réservé aux bouviers et aux bergers de 6 à 18 mois, qui permet de déceler les aptitudes innées au travail. Il met en évidence les qualités à la fois physiques et de caractère, juge la sociabilité autant que les dispositions « bergères ». Il concerne à la fois les bovins et les ovins.

Prompt à la réaction, le berger australien est capable de changer d'allure et de direction en une fraction de seconde pour se lancer à la poursuite d'un fuyard. Ses grandes enjambées lui permettent de couvrir de longues distances. Un éleveur américain de bovins prétend avoir choisi ce partenaire « parce qu'il me suit partout, semble apprendre en nous observant et prend peu à peu le relais avec un minimum d'effort. Mes aussies ont éduqué mes vaches et m'ont rendu la vie beaucoup plus facile sur le ranch ». Aux États-Unis, l'affixe Casa de Canillo avait la réputation de compter des sujets si doués que Cookie, par exemple, était capable de séparer les vaches selon leur race. Son propriétaire disait de lui : « Cette faculté est toujours restée pour moi un mystère. » Cookie transmit d'ailleurs ce talent à l'une de ses petites-filles !

* Rester vigilant

Mais, pour bon nombre d'entre eux, il est bien loin le temps des interminables transhumances dans le soleil couchant des plaines du Grand Ouest. Les États-Unis organisent chaque année un championnat du monde de beauté, qui élit les meilleurs sujets, mais uniquement destinés au show. Les passionnés de la première heure, qu'ils soient américains ou français, militent pour ne pas tomber dans ce travers et permettre à ce berger hors pair de conserver ses aptitudes au travail. À l'instar de toutes les races qui cèdent à la mode, ces lignées « esthétisantes » éloignent les sujets de leur morphologie originelle. Au risque, pour ce berger, de n'avoir désormais à rassembler que les « moutons » qui pullulent sous nos literies…

CÔTÉ SPORT

Après avoir arpenté les estives pyrénéennes, les immensités arides de l'Australie et les plaines sans fin de l'Ouest américain, cet australien s'est forgé une nature de sportif en acier trempé.

Coureur, sauteur, à la fois véloce et endurant, capable de se donner sans compter des heures durant, le berger australien est évidemment un sportif accompli, qui relève ardemment tous les défis et se distingue dans de nombreuses disciplines sportives. Prêt à tout pourvu que ça bouge ! C'est notamment le cas en flyball (rapport d'objet), en frisbee et, bien sûr, en agility (parcours d'obstacles ludique). On peut d'ailleurs noter la participation d'un berger australien de Lettonie aux championnats du monde d'agility à Helsinki (Finlande) en 2008. Et pourquoi pas un petit pas de deux en *dog dancing* (obérythmée en français), une sorte de chorégraphie en musique avec son maître qui met en évidence sa vitalité et ses aptitudes d'apprentissage ?

Ce compagnon survitaminé exige donc un maître à la mesure de son dynamisme. Pas question de l'abandonner à l'oisiveté sur les coussins du salon. Ce serait une sanction contre nature ! Pour éviter de telles dérives, Joseph Ortega, éducateur canin et éleveur (lire page 42), a créé l'AIBASU (Association internationale du berger australien de sport et d'utilité), qui a pour mission de promouvoir le sport et la compétition dans la race. Lors de stages et de rencontres, ses membres encouragent ces activités non négociables. Quant au club de race, il a mis en place deux commissions spécifiques afin de promouvoir ses talents dans les plus prestigieux concours canins.

VIVRE AVEC SON BERGER AUSTRALIEN

IL NOUS FAIT CRAQUER

Ils ont craqué pour ce berger atypique... Deux histoires, deux portraits de ces maîtres contaminés par le virus aussie, et qui pour rien au monde ne souhaiteraient en guérir.

Angelica Rageade, éleveuse, affixe des Plaines du Montois (77)
« Son seul défaut : sa fourrure en plein été ! »

« J'ai eu mon premier berger australien en 1995. J'étais coureuse de trail sur longue distance et je recherchais un chien endurant. Lorsque j'ai découvert Willow, ça a été une révélation. Un coup de cœur incroyable pour cette petite boule de poils d'à peine 1 mois. J'ai rapidement aimé son dévouement et sa générosité. À l'époque, une joggeuse avait été assassinée en forêt de Fontainebleau et je ressentais aussi le besoin d'être protégée, même si ce n'est pas la qualité première dans cette race. Le seul défaut que je lui trouve, c'est sa fourrure, si épaisse que je suis obligée de courir au petit matin en été pour qu'il ne souffre pas de la chaleur. J'ai aujourd'hui quatre aussies à la maison, tous d'excellents coureurs. Je pars parfois avec eux, deux en laisse, deux à la taille. Une vraie passion que j'assouvis depuis 2008 en éleveur amateur (je suis enseignante). Je vois naître une portée par an. J'y consacre tout mon temps et mon amour, et je fais les choses dans les règles de l'art. Être "amateur", c'est pour moi un gage de qualité ! »

Charline Savigny, 21 ans, et Gandhi, 2 mois

« Il aime être sollicité et se mettre au service de l'homme »

« Étudiante en shiatsu équin et humain, et passionnée de cheval, j'ai toujours été très proche des animaux. Lorsque mon premier chien est mort, il y a quelques mois, j'ai ressenti un grand vide. Il me restait toujours Moustique, mon jack russell, mais il manquait quelque chose : à la maison, tout était triste. Mon jack paraissait dépressif, semblait paniqué et refusait nos câlins. Il fallait donc agir. On m'avait déjà parlé du berger australien, et mes amis, surtout issus du milieu cavalier, n'en disaient que du bien. Depuis que Gandhi est entré dans notre vie, c'est un réel bonheur. Il nous a permis d'écrire une nouvelle histoire. Il est calme, mais tout à la fois présent, gentil, affectueux, et son intelligence ainsi que son côté câlin et sensible nous ont tout de suite conquis. On sent que, par sa nature profonde, il aime être sollicité et se mettre au service de l'homme. Il a vraiment un caractère en or et s'est très vite adapté à sa nouvelle tribu, ainsi qu'à Moustique. Son nom était pour nous une évidence, notre famille étant sensible aux religions des sages. Cela tombait bien, c'était l'année des G. Il est possible que vous l'aperceviez bientôt dans des concours d'agility, car il comprend très vite. Alors ouvrez l'œil, il montrera patte blanche ! »

TEL MAÎTRE / TEL CHIEN

Existe-t-il un stéréotype du « maître berger australien » ? Pour le savoir, nous avons dressé le portrait de propriétaires fictifs, avec des motivations diverses. Bon pour l'aussie ou pas, voici le verdict !

Vous êtes très cocooning, sédentaire peu enclin aux balades...

Oubliez l'aussie ! Il a besoin d'un maître disponible qui, s'il ne pratique pas une activité cynophile ou sportive, lui offre au moins une longue promenade tonique chaque jour.

Après votre cheval appaloosa, pourquoi pas un aussie pour compléter votre cheptel à taches ?

Au-delà de l'aspect esthétique, ce partenaire des cow-boys américains ne vous décevra pas s'il est amené à vous escorter dans vos chevauchées.

Dans votre salon, cette jolie chose bleue serait du plus bel effet avec l'azur de vos vases de Sèvres !

Ce trophée-là est bien plus qu'un élément de décoration, et pourrait briser votre précieuse porcelaine (et bien plus !) en morceaux.

Après vos vacances à Sydney, votre nouvelle passion c'est l'Australie

Vous pensez que ce chien autochtone a toute sa place dans votre collection... Erreur, l'aussie est, au mieux, américain, au pire, basque.

Vous recherchez une boule de tendresse, proche de l'homme.

L'aussie répond présent ! Il est si généreux et polyvalent qu'il est parfois utilisé comme chien d'assistance auprès des personnes handicapées, notamment dans le cadre de l'association « Le chien visiteur », créée par Joseph Ortega.

LE CHIOT BERGER AUSTRALIEN

Son allure craquante dissuade parfois ses maîtres de faire preuve d'autorité. Ce berger a pourtant du caractère qu'il vaut mieux être en mesure de contrôler, précocement...

La plupart des naissances se passent sans encombre car le berger australien est un chien rustique et plutôt autonome. « La plupart du temps, explique Caroline, éleveuse, mes chiennes mettent bas seules. » Des portées généreuses qui comptent en moyenne six ou sept chiots. La couleur est fixée dès la naissance, mais en restant dans leur teinte initiale, les taches, surtout chez le merle, peuvent foncer avec le temps. Les éleveurs choisissent d'euthanasier les chiots présentant un blanc envahissant, car ils peuvent être affectés de cécité ou de surdité. D'autres, moins scrupuleux, préfèrent les vendre sous l'étiquette « aussies rares », sans prendre la peine de prévenir leur client des risques encourus. Une grande partie de ces chiens finissent dans les refuges, car les familles n'ont pas envie d'assumer la charge de tels handicaps.

* L'effet peluche

Dès sa naissance, le chiot aussie doit être exposé à toutes sortes de stimuli pour lui permettre de remplir ses multiples offices à l'âge adulte sans réticence : bruits, milieu urbain, contact avec la foule, les enfants, les animaux à poils et à plumes, surtout s'il est amené à travailler auprès des chevaux ou du bétail... Le piège majeur, c'est son irrésistible allure de peluche. Qui oserait sévir ou réprimander cette gueule d'ange ? Mieux vaut ne pas attendre l'âge de 4 ou 5 mois pour lui apprendre les bonnes manières, car il serait alors trop tard ! D'autant que le très jeune chiot s'avère plutôt malléable et facile à éduquer. Le berger australien est assez spontané jusqu'à l'âge de 8 ou 9 mois. Ensuite, une méfiance naturelle prend le pas sur sa jovialité et il peut commencer à redouter qu'un inconnu s'approche de lui pour le caresser. Cette peur innée peut, si elle n'est pas gérée, se transformer en agressivité. D'où l'intérêt d'une socialisation précoce et bien menée. Même s'il est réputé pour son tempérament sportif, l'adaptation à l'exercice doit être progressive. Pas d'effort violent avant 1 an, au risque de provoquer des problèmes articulaires et ligamentaires.

VRAI OU FAUX ?

La plupart des races véhiculent bon nombre de clichés qui construisent, parfois à tort, leur image. L'australien ne serait-il que le bon gros toutou rustique qui rassemble sans relâche les troupeaux ? Ou une précieuse petite chose aux allures de chihuahua ?

* Version miniature

Quels sont les effets les plus pervers de la mode chez le chien ? La miniaturisation ! Mais il était inconcevable que ce berger rustique cède à la dérive de l'effet toy au même titre que le chihuahua. C'est pourtant ce qu'ont entrepris de faire, il y a déjà quelques décennies, des éleveurs américains qui, au fil de croisements, ont façonné un berger australien miniature. La taille admise chez les deux sexes est de 35,5 à 45,5 cm au garrot, pour un poids d'environ 6 à 18 kg. Pour mémoire, un berger australien standard mesure de 51 à 58 cm au garrot (pour le mâle) pour un poids de 18 à 35 kg. Mais la sélection a enfanté une troisième créature encore plus inattendue : le toy, qui mesure de 25 à 35 cm au garrot et pèse entre 5 et 9 kg. Soit le quart du modèle initial !

* Une nouvelle race ?

La polémique fait rage. Doit-on considérer ces poids plume comme une version allégée de la race ou comme une race à part entière ? En 1978, les produits d'une éleveuse californienne, sous l'affixe Cordova S, sont enregistrés au National Stock Dog Registry (NSDR), qui est le premier club à reconnaître la race. L'american shepperd miniature (à ne pas confondre avec le toy) attend toujours la reconnaissance de l'AKC (American Kennel Club), mais quelques associations défendant ses couleurs s'y emploient. Celui que l'on surnomme également « aussie puppie » a été conçu pour conserver ses aptitudes à la conduite du troupeau ou sa polyvalence sur les terrains de sport, tout en présentant un gabarit réduit, pratique à transporter et encore plus adapté à la vie de famille. La réputation de cet aussie de poche a traversé l'Atlantique, et il connaît aujourd'hui le même succès en Europe, où différentes associations militent pour qu'il soit reconnu par la FCI.

SON ÉDUCATION

Une main de fer dans un gant de fourrure. C'est ainsi que s'éduque un berger australien, par nature indépendant et vaillant. Avec complicité, compréhension, souplesse, mais suffisamment de poigne pour éviter tout débordement.

Contrairement aux désirs de certains, ce berger rustique n'est pas une poupée en habit de fourrure. Compagnon naturellement aimable, il n'en demeure pas moins un chien de caractère, vivant et actif. Parfois, envahissant ? Tout est dit ! Comme tout chien de berger, il est réputé pour son esprit vif et sa grande capacité d'apprentissage. Il se soumet aisément à l'autorité de son maître, à condition de recevoir une éducation sans faille et de trouver sa place dans la « meute ». Le recours à un club d'éducation canine, dès l'âge de 2 mois et jusqu'à 1 an, n'est pas superflu. Quelques garde-fous permettront à ses qualités (vitalité, tempérament, aplomb...) de ne pas se transformer, à terme, en défauts ! Et c'est justement sa belle intelligence qui peut le faire se retourner contre un maître trop laxiste. Méfiance lors de l'adolescence, période critique où il prend de l'assurance. Mieux vaut ne pas relâcher la pression.

POINT DE VUE DE PRO

Les conseils de Joseph Ortega, éthologue, éducateur canin, créateur de l'École du chiot (www.ecole-du-chiot.com)

« Je ne vends qu'à des maîtres qui destinent leur chien au travail »

« J'étais éleveur avant même que la race ne soit reconnue par la FCI en France : l'élevage de la Villa Loubet, dans le Lot. 17 chiens vivent chez moi, et ma plus vieille australienne a 14 ans. J'ai été séduit par la robe de ce berger, ses couleurs, mais surtout par ses aptitudes de chien de travail. C'est un compagnon vraiment sympa, qui réunit l'affection du border collie pour son maître sans sa nervosité, et le sérieux du berger allemand sans ses excès.

Je ne vends qu'à des maîtres qui destinent leur chien au travail, comme le pistage ou l'agility, ou bien à des cavaliers qui partiront en rando avec lui. Et pourquoi pas le cavage, c'est-à-dire la recherche de truffes ? Mon épouse a été sélectionnée pour le championnat de France de cavage, en 2011, avec un berger des Pyrénées et un berger australien. C'est un chien particulièrement dynamique, sociable avec les gens, mais aussi avec les autres animaux. Être berger, c'est dans sa nature. Il a donc besoin de se dépenser sans compter. Il existe même une association, l'amicale internationale du berger australien de sport et d'utilité (AIBASU), qui s'indigne de voir tous ces chiens de compagnie qu'on laisse dépérir à la maison. L'aussie est particulièrement adapté à la méthode d'éducation naturelle que j'ai inventée et développée, car il ne s'éduque qu'à la faveur d'une grande complicité avec son maître. Avec l'un d'entre eux, j'ai participé en Grande-Bretagne à la Cruft's, le championnat du monde d'obéissance des pays anglo-saxons, face aux meilleurs du monde. »

QUESTION COHABITATION

Le berger australien est-il aussi jovial qu'il y paraît ? Comment se comporte-t-il avec sa tribu, avec les autres animaux ? Sur les traces du berger...

* Avec son maître

L'australien est par essence un chien de travail. L'activité, le dévouement, c'est sa raison d'être. Il est donc totalement déconseillé aux personnes trop sédentaires. Un grand jardin ne suffit pas à son bonheur, il a besoin de « s'éclater » dans des activités aussi diverses que le trail, le ski de fond, le VTT ou l'équitation. Avaler les kilomètres ne lui fait pas peur. Bien dans sa tête, bien dans sa vie, le berger australien est un chien courageux, aimable, qui a de l'humour. Curieux, il apprécie la nouveauté et accepte les expériences avec enthousiasme.

Il aime son maître plus que tout, et sa loyauté est légendaire. Protecteur, il l'est autant pour les hommes que pour les biens et peut manifester un instinct de propriété assez fort. Malgré sa taille moyenne, il assume avec courage sa mission de vigile. Il ne rate pas une occasion de faire preuve d'autorité face à des inconnus, quitte à se mettre très en colère, sans jamais être dangereux. Priver de compagnie celui qui depuis des siècles accompagne hommes et troupeaux est donc le plus inconcevable des sévices ! Sa joie de vivre ne saurait résister à l'oisiveté, au risque de laisser place à un tempérament difficile, voire destructeur. Se sentir utile, c'est son carburant !

* Avec les enfants

Atavisme de berger aidant, il a tendance à prendre sa famille pour son troupeau. Toujours sur le qui-vive, prêt à intervenir, il porte à chaque membre la même attention. Rien n'échappe à cet observateur hors pair. Grâce à cette aptitude, mais également à son look attendrissant, cette coqueluche s'est donc légitimement fait une place au sein des fratries. C'est un joueur qui se prête volontiers aux fantaisies de ses jeunes maîtres, tout en restant modéré et sans déployer la vitalité parfois excessive de certains acolytes comme le boxer. Pas trop grand, mais suffisamment robuste, avec un poil soyeux, une passion pour les activités en tous genres, de la patience, de la douceur et un sens très poussé de la responsabilité... Voilà des qualités qui en font un camarade en or pour nos chères têtes blondes. Mais en l'absence de moutons ou de bovins à mener, il est tenté de faire régner l'ordre dans sa meute, quitte, d'instinct, à pincer quelques chevilles !

* Avec les autres animaux

Selon le standard de la race édité par l'ASCA, en 1977, « l'agressivité envers les personnes ou les animaux est intolérable ». Lors des tests du CANT, les aptitudes à la sociabilité sont donc à la fois évaluées envers l'homme et envers les autres chiens (les participants sont en ligne, éloignés les uns des autres de 2 m, et chaque couple slalome entre les autres participants). Le travail de troupeau fait appel par nature à la collaboration entre Canidés. Il s'agit donc d'une race suffisamment cordiale pour vivre en communauté, même entre mâles, à condition qu'une femelle en chaleurs ne vienne pas semer la zizanie dans cette belle entente. Certains sujets peuvent néanmoins se montrer un peu dominants, sans pour autant devenir agressifs.

Destiné à côtoyer le bétail domestique, qu'en est-il de son instinct à l'égard du gibier ? « Ce berger a un don pour flairer l'odeur animale, confie Caroline. Il n'est donc pas rare de le voir lever quelques faisans. Sans aller jusqu'à dire que c'est un chien de chasse, il conserve son instinct de prédateur ! » Revenu à la douceur de son foyer, il conte quelques histoires comme on les aime ; l'aussie de Valérie a pactisé avec un lapin et un cochon d'Inde, qui s'endorment entre ses pattes dans sa panière.

CÔTÉ SANTÉ

Le berger australien a la réputation d'être robuste et rarement malade. Pourtant, certaines maladies héréditaires, avec des répercussions heureusement limitées, peuvent affecter la race.

Il s'agit principalement de la dysplasie de la hanche ou du coude ou des tares oculaires comme l'œil rouge, l'épiphora, la dysplasie rétinienne, la conjonctivite ou l'atrophie progressive de la rétine (APR), qu'il convient de surveiller.

Quant à l'anomalie de l'œil du colley (AOC) et aux cataractes, elles sont assez répandues pour constituer une vraie source d'inquiétude. L'AOC se manifeste soit par une hypoplasie choroïdienne (c'est-à-dire des trous anormaux sur la choroïde), soit par un décollement de la rétine. La plupart des chiens n'ont qu'un confort visuel limité, mais certains sont malheureusement aveugles de l'un ou des deux yeux.

Plus rarement, le berger australien peut souffrir d'épilepsie, tandis que les problèmes dermatologiques et respiratoires, notamment la dermatite nasale, liée aux radiations solaires, appelée aussi « nez de colley », sont également répandus.

Les sujets destinés à la reproduction doivent être testés afin que de possibles affections qui

l'interdisent soient décelées. Rappelons une fois encore que le mariage entre deux merle, qu'ils soient rouge ou bleu, est à très haut risque et totalement interdit par le club de race. Des études ont démontré que, lors d'un tel croisement, un quart des chiots de la portée risquaient d'être atteints de ce qu'on appelle le blanc envahissant. Lié à une dégénérescence des vaisseaux sanguins irriguant rétine et cochlée, il engendre des problèmes cardiaques, de surdité ou de cécité.

* Précaution importante

Ne jamais lui administrer un vermifuge à base d'ivermectine (en injection). Cette molécule qui sert d'antiparasitaire interne et externe pour les ovins et les équins, réputée bon marché et utilisée dans certaines meutes de chasse, est mortelle pour les chiens porteurs du gène merle (comme les colleys, les shetlands et les bobtails). Elle provoque alors pertes d'équilibre, prostration, pupille dilatée, amaurose (l'œil ne voit plus), hypersalivation, tremblements, coma et mort. Il existe un test génétique, appelé MDR1, qui permet de déterminer la sensibilité de chaque sujet à cette molécule.

ALIMENTATION

Le berger australien, sans pour autant souffrir d'obésité, comme le labrador, peut être sujet à l'embonpoint, surtout si son activité est limitée. Une gamelle à surveiller de près…

Il ne faut pas oublier que le berger australien est un animal prédisposé à l'action et qu'une oisiveté prolongée compromet sérieusement son équilibre naturel. Du sport sans modération, voilà le régime le plus adapté ! Le berger australien est un chien svelte par nature, même si sa fourrure permet rarement d'apprécier les contours de sa silhouette, qu'il faut bien se garder de faire dériver vers le modèle du bouvier, plus dense et massif.

Lorsque la croissance est achevée, vers 1 an, il convient de passer à une alimentation adulte. Des croquettes industrielles de bonne qualité sont toujours préférées aux pâtées faites maison, qui ne comblent pas tous les besoins essentiels en calcium et en vitamines. Pour un poids moyen de 28 kg, on estime sa ration à environ 360 g de croquettes par jour. Attention aux marques trop protéinées, qui peuvent déclencher des diarrhées. Quant au taux de matière grasse, il doit être assez élevé, autour de 15 %. Pour son équilibre, sa santé et la beauté de son poil, les éleveurs conseillent vivement l'alimentation haut de gamme.

CÔTÉ BEAUTÉ

Les amateurs de fourrure en auront pour leur argent ! Le prix à payer pour s'offrir cette robe spectaculaire, c'est la « gestion » de la mue.

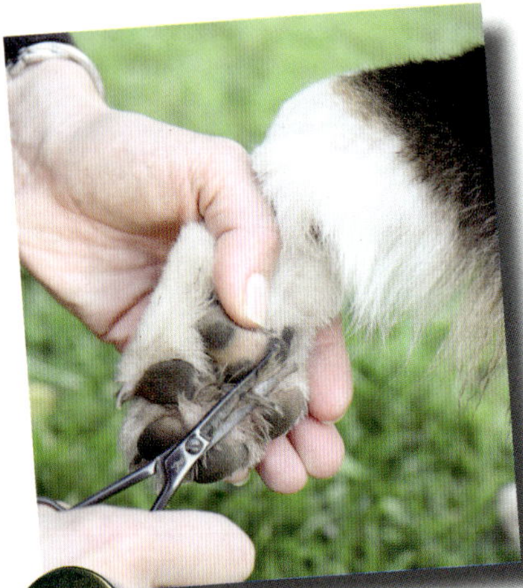

Ce cow-boy sévit dans tous les milieux et s'est construit une belle réputation en bravant les intempéries de son Amérique natale. Il se joue du froid, de la neige, du sable et de l'eau. Un aventurier tout-terrain, qui limite les soins au strict minimum, à son grand dam puisqu'il adore se faire bichonner. Robuste, protégé par sa toison, il supporte de vivre à l'extérieur toute l'année, à condition de pouvoir se réfugier dans un abri. Le bain se révèle plutôt inutile, car son poil est autonettoyant. D'autant qu'il trouvera facilement dans la nature matière à s'hydrater. On le prétend si facétieux avec l'eau qu'il n'est pas rare de le voir plonger la tête dans un seau... juste pour faire des bulles ! Et lorsqu'il boit, c'est souvent sans manières, les deux pattes avant dans la gamelle.

* Opération fourrure

Sa fourrure abondante exige néanmoins des soins assidus, un brossage une fois par semaine (en insistant sur les endroits où les nœuds se forment, derrière les oreilles, les aisselles et à la culotte). De temps en temps, il est important de contrôler l'hygiène de ses oreilles, en enlevant les poils qui peuvent s'introduire dans le conduit. Deux mues particulièrement impressionnantes éparpillent son duvet au printemps et à l'automne et nécessitent alors un brossage quotidien, avec de préférence un peigne râteau à dents pivotantes. Le poil suivant la première mue est plus envahissant encore, puis la fourrure repousse plus belle qu'auparavant. On ne sait alors plus qui est le berger ou le mouton...

EN VIEILLISSANT

Longévité, précautions, alimentation, caractère...
Comment le berger australien évolue-t-il avec l'âge ?

* 14 ans de bonheur...

Comme la plupart des chiens de son gabarit, le berger australien peut espérer vivre entre 12 et 14 ans. Le célèbre Cookie, qui était capable de séparer les vaches selon leur race, vécut jusqu'à 18 ans, tandis qu'un autre de ses comparses succomba à 17 ans. Preuve que l'intérêt porté à la tâche entretient la vitalité... En 1998, une enquête Internet conduite sur 614 bergers australiens a estimé leur espérance de vie moyenne à 12 ans et demi. Une autre étude menée en Grande-Bretagne a permis de définir les causes de décès le plus fréquemment répertoriées : le cancer (32 %), plusieurs causes réunies (18 %), et la vieillesse (14 %). Le berger australien vieillit très bien, car il a peu de problèmes d'arthrose et garde longtemps ses facultés au travail.

CÔTÉ PRATIQUE

LOI ET RÈGLEMENT

En matière de réglementation, aucune loi particulière ne s'applique au berger australien. Mais au moment de l'achat, quelques précautions s'imposent néanmoins.

Tous les animaux vendus ou cédés doivent être tatoués ou pucés (transpondeur électronique) et inscrits sur le registre de la SCC (Société centrale canine).

* À l'achat, l'éleveur doit vous remettre les documents suivants :
- Attestation de vente obligatoire (tient lieu de facture et de garantie).
- Passeport pour animal de compagnie (l'ancien carnet de vaccinations) avec les timbres de la première injection (à 8 semaines, puis renouvelée un mois plus tard, même si la vaccination d'un chiot/chien lors d'une vente ou d'un don n'est absolument pas obligatoire), ainsi que les dates des premières vermifugations.
- Certificat de naissance (envoyé quatre ou six mois après, voire plus). En attendant, demandez à l'éleveur d'inscrire sur l'attestation de vente (ou facture) le numéro d'inscription provisoire auprès de la SCC.
- Carte de tatouage ou de transpondeur électronique (puce) : vérifiez à l'achat du chiot que le numéro tatoué dans son oreille ou à l'intérieur de sa cuisse correspond à la carte d'immatriculation que l'on vous remet.
- Un document d'information sur les caractéristiques et les besoins de l'animal, contenant également, au besoin, des conseils d'éducation.
- Un certificat de bonne santé établi par un vétérinaire.

* Un éleveur de chien LOF est détenteur d'une carte d'éleveur délivrée par la SCC, et le plus souvent d'un affixe, c'est-à-dire la marque de son élevage, qui assure sa traçabilité et sa signature. Il doit fournir au futur propriétaire, au minimum, pour chaque parent, le pedigree SCC (et non le certificat de naissance, sans quoi cela signifie que le chien n'est pas confirmé et que la portée ne pourra être LOF). La rubrique éleveur sur le site du club de race permet de trouver des adresses dans toute la France.

ACHETER

Jusqu'à maintenant, la cote du berger australien restait abordable. Mais les prix commencent à flamber, et des générations spontanées d'élevages voient le jour par appât du gain. Méfiance, donc, au moment de l'achat...

Pour avoir le bonheur de partager les douze années à venir avec un aussie, il faut investir entre 900 et 1 200 euros, avec des prix légèrement supérieurs pour les femelles. Des tarifs dans la moyenne de ceux des autres races, mais qui pourraient bien être propulsés à la hausse à cause de l'engouement pour ce séduisant australien. Il a, en à peine quinze ans, convolé vers un nouveau statut, nettement plus rémunérateur pour les éleveurs : celui d'animal de compagnie. « On assiste à cette même déferlante dans toute l'Europe, explique Joseph Ortega, l'un des pionniers de l'élevage français. Nous recevons pas mal de commandes de l'étranger. Comme tout chien à la mode, le berger australien est en danger. On assiste à une recrudescence d'élevages opportunistes qui produisent à l'excès, surtout des éleveurs multi-races. Bien décidés à profiter de cette nouvelle aubaine, ces naisseurs improvisent sans connaître la race. La clientèle de néophytes réclame surtout des bleu merle aux yeux bleus, qui se négocient à presque 1 500 euros, alors que le prix moyen se situe autour de 1 000 euros ! » Attention de ne pas céder à la tentation de certaines annonces, qui vous proposent les têtes blanches.

Face à la multiplication de l'offre et pour résister à ces dérives, il est recommandé de s'adresser au club de race. Il a pour mission d'orienter les acheteurs vers des éleveurs fiables, qui garantissent des portées indemnes, mais également correctement socialisées. Les vétérinaires, les comportementalistes et les SPA déplorent en effet une recrudescence de bergers australiens abandonnés pour cause d'hypersensibilité ou d'hyperactivité.

LES GRANDS RENDEZ-VOUS

Expos, concours, rencontres amateurs... Voici les rendez-vous à ne pas manquer.

* La Nationale d'élevage (concours de beauté) se tient chaque année fin avril.

* Le club de race (CFBA) publie plusieurs fois par an une revue, *L'Austra-Lien*, et une news, *L'Aussie News*, qui permettent à leurs adhérents de se tenir au courant des évolutions de la race et des manifestations.

* Des stages et des concours « troupeaux » avec ovins et bovins sont également organisés tout au long de l'année. Le calendrier des concours de la Commission d'utilisation nationale chiens de troupeaux est disponible sur le site cun-troupeaux.fr/fr/content/keconcours11.
Un championnat de France a lieu chaque année qui réunit plusieurs races.

* Liste plus complète de tous les événements cynophiles en France (expos, manifs, concours) sur www.cedia.fr

* Le championnat de France est le rendez-vous canin par excellence, puisqu'il rassemble les champions de toutes les races. Il a lieu en général en mai ou en juin.

* Chaque année, le berger australien remet également sa notoriété en jeu à l'occasion du Salon de l'agriculture de Paris (début mars), lors du concours agricole, section canine, qui met en lice les champions récompensés lors des nationales d'élevage. Un spectacle haut en couleur qui fait le bonheur du grand public !
www.salon-agriculture.com

Contacts

* Club français des bergers australiens (CFBA)
Tél. secrétariat : 06 08 69 19 85
www.club-berger-australien.org

* AIBASU (Amicale internationale du berger australien de sport et d'utilité)
aibasu.free.fr

* Merci à Angelica Rageade, éleveur amateur, affixe des Plaines du Montois, à Les-Ormes-sur-Voulzie (77), qui nous a accueillis pour la réalisation des photos qui illustrent cet ouvrage.
Tél. : 01 64 01 71 38
plainesdumontois.chiens-de-france.com

* SCC (Société centrale canine)
www.scc.asso.fr

* SPA
Tél. : 01 43 80 40 66
www.spa.asso.fr

Crédits photographiques

Toutes les photos sont de **Fabrice Dal'Secco,** excepté les suivantes :
p. 1, 6, 9, 10-11, 24, 63 b **(Duhayer/Nature),** 13, 14, 17, 18-19, 20, 30-31, 35, 36, 37, 40 b **(Callalloo/Fotolia.com),** 16 **(Herndon/Fotolia.com),** 26 **(PackShot/Fotolia.com),** 28-29 **(Kido-Fotolia.com),** 33 **(Rogeret Cassandre),** 34 b **(Berg/iStockphoto),** 40 h, 56-57 **(Cynoclub/Fotolia.com),** 42 b **(Stancel/iStockphoto),** 44 b **(Moffitt/iStockphoto),** 45 **(Alb/Fotolia.com),** 46 **(Isselée/iStockphoto).**